Punulla

Rodrigo Arias

Punulla

Annotationen
von Ina Muñoz

Ernst Klett Sprachen
Stuttgart

Bildquellenverzeichnis
30 Daniel Rodrigo Arias Moreno (Rodrigo Arias ©); **38.1** Carlos Delgado; **38.2** Schinken Verlag; **38.3** Schinken Verlag; **39** AFP Gruppe Deutschland (ULF ANDERSEN / Aurimages via AFP), Berlin

1. Auflage 1 4 3 2 1 | 2026 25 24

Título original: Punulla

www.klett-sprachen.de
www.lektueren.com

Worterklärungen von Ina Muñoz

Redaktion: Simone Roth
Layoutkonzeption: Elmar Feuerbach
Gestaltung und Satz: Satzkasten, Stuttgart
Umschlaggestaltung: Andreas Drabarek
Titelbild: Daniel Rodrigo Arias Moreno © 2012
Druck und Bindung: Salzland Druck, Staßfurt

Printed in Germany

ISBN 978-3-12-535805-8

Índice

Rodrigo Arias

Punulla

Punulla

FADE IN:

INT. SAN JUAN DEL URIGANCHO - LIMA, PERÚ

Una casa de esteras, que apenas se tiene en pie, se asienta sobre la ladera de un cerro en San Juan del Urigancho. El cielo está gris y la niebla cubre la cima de la colina.

INT. CUARTO DE ROSA, MAÑANA.

Son las 5:30 AM. ROSA CAHUA (51), una mujer bajita y gordita, de pelo corto y con canas, trata de levantarse de la cama, pero no puede.

No hay suelo sobre el que apoyarse, sólo una base de polvo y suciedad cubierta por algunos trozos de cáñamo de gran tamaño. Rosa está sufriendo algún dolor. Cierra los ojos.

EXT. CASA DE ROSA, MAÑANA

Un par de zapatos, una taza y un trozo de pan se ven en primer plano. En el fondo hay colinas con casas de colores vibrantes.

ALBERTINA SAYRITUPAC (13) es una chica ingeniosa, de mirada intensa, rasgos afilados y aspecto inocente. Lleva puesto el uniforme del colegio, que consiste en una blusa blanca bajo un vestido negro.

Toma el desayuno mientras mira a su alrededor. Mastica lentamente cada trozo de pan, untados con la más mínima cantidad de margarina. También toma, muy lentamente, su café con leche.

Beat.

Albertina se levanta y entra en la casa.

3 **INT.** interior - 3 **San Juan del Urigancho** Armenviertel in Lima - 4 **de esteras** aus Schilf-/Kokosmatten - 4 **apenas tenerse en pie** *aquí:* baufällig, einsturzgefährdet - 4 **asentarse sobre** *aquí:* gelegen sein - 5 **la ladera de un cerro** der Hang eines Berges - 9 **las canas** los cabellos blancos - 11 **una base de polvo y suciedad** ein staubiger und dreckiger Boden - 12 **el cáñamo** der Hanf, *aquí:* die Hanfmatten - 14 **EXT.** exterior - 16 **de colores vibrantes** *aquí:* colores vivos, lebendige Farben - 17 **ingenioso** *aquí:* schlau - 18 **los rasgos afilados** markante Gesichtszüge

INT. COCINA DE ROSA, MAÑANA

Albertina se sienta en la unica mesa que hay en la cocina, encima de ella hay un pedazo de cartulina. Esta haciendo trazos y líneas que parecen ser una casa. Solo tiene un lápiz gastado, y un cuaderno que usa como regla. El dibujo esta a medio acabar.

Cuando se da cuenta de la hora.

ALBERTINA
¡Mamá! Me voy al colegio.

A la vez que entra en la habitación de Rosa.

INT. DENTRO DEL CUARTO DE ROSA

ALBERTINA
¿Mamá?

ROSA
¿Sí, hijita?

ALBERTINA
¿No vas hoy a trabajar?

ROSA
No, no me siento bien hoy día.

Albertina se acerca a la cama de Rosa, se sienta a su lado y le toca la frente.

ALBERTINA
¿Tienes fiebre?

ROSA
No, no pasa nada. Sólo tengo que echarme un ratito no más.

Rosa mira a Albertina con una débil sonrisa.

3 **la cartulina** der Tonkarton - 5 **la regla** das Lineal - 24 **echarse** *aquí:* sich hinlegen

ALBERTINA
¿Voy a coger un poco de sencillo para almorzar ya?

Rosa asiente con la cabeza.

ROSA
Está bien, ándate no más.

INT. COCINA DE ROSA, MAÑANA

Albertina se arrodilla en el suelo y lo golpea hasta que escucha la madera crujir. Extrae una caja y limpia el polvo que la cubre. La abre y saca una pequeña bolsa tejida.

Empieza a contar las monedas que hay dentro de ella, y se da cuenta de que no hay más que tres soles.

Dirige la mirada hacia el uniforme de su mamá: un vestido azul con un mandil blanco encima.

Albertina oye un ruido que proviene de la habitación de su mamá.

ALBERTINA
¿Mamá? ¿Estás bien?

Albertina entra corriendo en la habitación de su mama.

INT. DENTRO DEL CUARTO DE ROSA

Albertina entra y ve a su madre tratando de volver a su cama.

ROSA
Ayúdame hijita, no me puedo levantar.

Rosa comienza a vomitar.

Albertina coje un recipiente, que está al lado de la cama. Le quita el pelo de la cara y la sostiene mientras vomita.

2 **un poco de sencillo** *aquí:* das Kleingeld - 8 **crujir** knirschen, knarren - 11 **soles** *pl aquí:* peruanische Währung - 13 **el mandil** el delantal - 22 **vomitar** sich übergeben, erbrechen - 23 **el recipiente** das Gefäß - 24 **sostener** stützen, halten

ALBERTINA
Ya mamá, se nota que no puedes ir a trabajar hoy día. Quédate en la camita no más.

Beat.

Rosa dedica de nuevo una débil sonrisa a su hija.

Albertina la ayuda a echarse otra vez en la cama. Le pasa un trapo húmedo sobre la frente, mientras con la otra acaricia su pelo. Le pasa los dedos por el pelo.

ALBERTINA
Me tengo que ir mamá, voy a llegar tarde.

ROSA
Sí, por favor hijita, vete no más, yo me cuido solita.

ALBERTINA
Todavía me acuerdo de la canción que me cantabas de chiquita cuando me enfermaba.

ROSA
Cualquiera se sentiría bien escuchando esa canción.

Albertina comienza a cantar una canción de cuna en Quechua: Punulla Waway.

Los párpados de Rosa caen hasta que se queda dormida.

Albertina sale de la habitación en silencio, con gesto sombrío.

INT. COCINA DE ROSA, MAÑANA

Albertina abre la pequeña refrigeradora, dentro no hay nada más que dos latas de leche. Las coge y se da cuenta de que están casi vacías. También abre los cajones, en los que sólo encuentra algunas cebollas y cuatro papas.

7 **acariciar** streicheln – 18 **la canción de cuna** das Wiegenlied – 18 **el Quechua** eine indigene Sprache Lateinamerikas – 21 **sombrío** triste – 23 **la refrigeradora** la heladera

Pensativa, vuelve a mirar el uniforme de su mamá. Lo mete rápidamente en su mochila y sale corriendo.

EXT. EL ZAPAYAL - PARADA DE COMBI, MAÑANA

Albertina espera a la combi la EM37.

No hay casi nadie esperando en la calle. El clima está húmedo y hay niebla. Las calles no están pavimentadas. Sus pies se ponen muy sucios ya que sólo lleva un par de „ojotas".

El ruido de un viejo motor se escucha cada vez más cercano, finalmente llega la combi. Pero ésta no se detiene, se sigue moviendo lentamente.

Un joven abre la puerta de la combi.

COBRADOR
Pie derecho, pie derecho.

Albertina anda con rapidez al lado del autobús.

Con un rápido movimiento, Albertina pone el pie derecho en el micro y el cobrador la ayuda a entrar.

El cobrador le grita al chofer.

COBRADOR
¡Pisa, pisa!

Con brusquedad la combi empieza a acelerar.

CUT TO:

A medida que recorre el pasillo de la combi, Albertina recibe miradas desagradables de algunos hombres. Se sienta rápidamente.

3 **la combi** *aquí:* ein Bus - 6 **pavimentado** asphaltiert - 7 **las ojotas** die Schlappen, Sandalen - 12 **el cobrador** *aquí:* der Schaffner, Fahrkartenverkäufer - 19 **¡Pisa, pisa!** *aquí:* Gib Gas! - 20 **con brusquedad** *aquí:* rápidamente

Albertina comienza a sentir sueño y se duerme por un segundo, pero se despierta bruscamente mirando a su alrededor, asegurándose de que la ventana que tiene a su costado sigue cerrada.

Albertina abre su mochila donde ve el uniforme de su mamá. Cuando suben niños que estan yendo al colegio. Albertina los mira. Saca el dibujo de la mochila y lo mete en su bolsillo.

Se baja en una parada. Mientras espera a la siguiente combi; se fija en un hombre con ropa y una barba muy sucias, y también cicatrices en la cara.

Ella pasa cerca de él, y éste le silba. Albertina se siente incómoda y se sube al micro.

INT. COMBI, MAÑANA

Albertina es una de las primeras en entrar a la combi, se sienta rápidamente. Observa a la gente que va entrando, y reconoce a la última persona: es el mismo hombre raro que había visto antes.

La combi empieza a moverse. El hombre saca una jeringa, se pincha el brazo y se saca un poco de sangre.

DROGADICTO
Señoras y señores, tengo SIDA. Voy a pasar con mi gorrito y espero que me colaboren pe. No me importa si es un sanguchito, unas papitas, un sencillito, una chelita, unas tabas o lo que sea.

El cobrador intenta agarrarle la mano que sostiene la jeringa.

COBRADOR
¡Ayúda! ¡Ayúdame cuñao!

Mientras mira a un anciano sentado adelante.

El drogadicto forcejea, aún con la jeringa en la mano.

22 **a medida** während - 10 **silbar** *aquí:* hinterherpfeiffen - 11 **el micro** der Kleinbus - 16 **la jeringa** die Spritze - 16 **pincharse** sich stechen - 19 **Sida** Aids - 20 **pe** *aquí:* contracción idiomática de *pues, sí*? - 20 **el sanguchito** AmS kleines Sandwich - 21 **la papita** *aquí:* Kartoffelchips - 21 **el sencillito** *aquí:* kleine Geldscheine - 21 **la chelita** *Mex* una cervecita - 21 **las tabas** *Pe* los zapatos - 24 **el cuñao** coloq, *aquí:* Kumpel - 26 **forcejear** ringen, sich widersetzen

DROGADICTO
La reconcha tu mare, te voy a clavar.

El cobrador lo deja en paz.

El hombre comienza a pasar entre la gente, con el gorro en una mano y la jeringa en la otra.

Albertina está muy preocupada, sólo tiene los tres soles que cogió antes.

Cuando el drogadicto se acerca, Albertina saca el sencillo y, sin mirar al hombre, lo pone dentro de su gorro.

El drogadicto se aleja. En la parte de atrás de la combi alguien no le quiere dar nada, y el drogadicto intenta pincharlo. La gente se asusta y el cobrador deja que todos se bajen. Albertina desaparece lo más rápido que puede, se abre camino empujando a la gente y consigue salir. Empieza a caminar hacia el trabajo de su mamá.

EXT. MIRAFLORES - LIMA, PERÚ; MAÑANA

Albertina le pide la hora a alguien: son las 9:55 AM. Va a llegar tarde al trabajo. Empieza a correr entre las preciosas y enormes casas, cruzando los bonitos parques de la zona. Finalmente llega a la suya y toca el timbre.

VOZ
¿Aló?

ALBERTINA
Aló, ¿Jesusa?

JESUSA
¿Sí? ¿Quién es?

ALBERTINA
Soy yo, Albertina. Mi mamá no pudo venir hoy día y me mandó a mí para que la reemplace.

2 **la reconcha tu mare** *coloq vulg verdammt nochmal* – 13 **abrirse camino** sich Platz schaffen, drängeln – 15 **Miraflores** reiches Viertel in Lima – 16 **pedir la hora** nach der Uhrzeit fragen – 18 **llegar a la suya (la casa)** *aquí:* das gewünschte Haus erreichen – 28 **reemplazar** vertreten

JESUSA
¡Albertina! Pasa, pasa no más.

Albertina entra en la casa.

INT. COCINA, CASA DE LOS BENAVIDES, MAÑANA

Entra en el cuarto de servicio y se cambia rapidísimo.

Se amarra el mandil mientras entra en la cocina, la cual es más grande que su casa.

ALBERTINA
Jesusa, ¿ya está listo el desayuno?

¿Te ayudo en algo?

JESUSA
Sí, saca la leche de soya y la mermelada de frambuesa de la refri y ponlo en la bandeja. Puedes llevarle el desayuno a la Sra. en su cuarto. Seguro que se alegra de verte.

Jesusa sonríe.

ALBERTINA
Sí. ¿Puedo comer alguito? Todavía no he tomado desayuno.

JESUSA
¡Claro! Coge lo que quieras, pero no toques los cajones marcados en rojo. Me voy a limpiar, nos vemos más tarde.

Albertina abre la refri, que es diez veces más grande que la suya y está llena de cantidades exageradas de comida. Ve los cajones marcados en rojo, pero no le importan. Hay mucha fruta que no está marcada, coge un plátano y algunas fresas. Hay una torta de chocolate que coge también.

Luego se sienta en una mesa que está cerca. El chofer de la familia, el Sr. Aguinaga (55) un hombre alto, vestido con camisa y corbata, casi sin canas, se sienta a su lado.

6 **amarrarse** sich umbinden – 12 **la refri** contracción idiomática de refrigerador – 17 **alguito** *AmS* algo

SEÑOR AGUINAGA
¡Albertina! ¿Cómo estás? Hace tiempo que no te veo, ¿no?

ALBERTINA
Sí, bueno, mi mamá no se sentía bien hoy día, así que ella me dijo que viniera.

MR. AGUINAGA
Oh,¿qué pasó? ¿Está enferma o qué?

ALBERTINA
Sí, pero no es nada, creo que tiene fiebre.

MR. AGUINAGA
No pasa nada. Seguro que vendrá mañana. ¿Pero por qué no vino? ¿No se podía levantar?

ALBERTINA
No, no podía. ¿Crees que es algo serio? Yo pienso que sí.

El Sr. Aguinaga, con una mirada inexpresiva, mira por la ventana.

ALBERTINA
Tengo que ir a llevar esto a la Sra. Benavides.

MR. AGUINAGA
Seguro que va a estar bien. Tengo que llevar a los chicos al colegio. Nos vemos.

INT. PASILLO, ENTRADA PRINCIPAL DE LA CASA DE LOS BENAVIDES

Hay una escalera grande y redonda que va hasta el dormitorio principal. Dos columnas griegas la flanquean, también hay un mástil de un viejo barco naufragado ocupando el espacio.

Albertina comienza a subir las escaleras, tratando de no dejar caer nada de la bandeja, que es muy pesada porque es de plata. Sale de la cocina.

15 **Inexpresivo** ausdruckslos – 24 **flanquear** acompañar, flankieren – 24 **el mástil** der Mast (eines Schiffes) – 27 **la plata** das Silber

En el camino ve a Luciana (14) y Mario (9) que, muy bien vestidos, bajan corriendo por las escaleras. Ella inclina la cabeza educadamente.

ALBERTINA
Buenos días.

Los niños pasan a su lado, la ignoran como si fuera un fantasma y corren hacia el carro.

Albertina sigue caminando con la bandeja cuando ve el cuarto de Luciana.

INT. CUARTO DE LUCIANA, MEDIODÍA

Albertina pone la bandeja en el suelo y entra lentamente al cuarto de Luciana. Todo esta impecable, tiene un

walk-in-closet. Unas sábanas turquesa, muchas muñecas.

Pero lo que le llamó la atención a Albertina fue su escritorio con muchísimas reglas, de todas las formas y tamaños.

Sigilosamente cierra la puerta del cuarto. Se sienta en la mesa y saca su dibujo. Comienza a dibujar y trazar lineas con las diferentes reglas. Va borrando las lineas mal hechas y las hace de nuevo con la regla.

Albertina tiene una gran sonrisa en la cara.

La puerta del cuarto se abre. Jesusa entra con una aspiradora.

Y firmemente sin elevar mucho la voz.

JESUSA
¡Albertina! No seas una malcriada, ¿qué haces en el cuarto de la Luciana?

12 **impecable** muy limpio - 13 **el walk-in-closet** *ang* das Ankleidezimmer - 13 **turquesa** türkis - 16 **sigilosamente** sehr leise, vorsichtig - 24 **malcriado** mal educado

ALBERTINA
Estaba pintando no más, tengo que acabarlo.

JESUSA
¡Como te encuentre la señora!, dibuja rapidito.

ALBERTINA
Pero me falta todavía, ¿espérate, ya?

JESUSA
¡No podemos esperar!

Jesusa le intenta quitar el dibujo, pero Albertina no se deja.

JESUSA
¡Lo vas a romper suéltalo!

ALBERTINA
¡Suéltalo tú!

El dibujo finalmente termina roto en dos pedazos de papel. Albertina se queda inmóvil mirando el dibujo. Tiene una mirada triste.

JESUSA
Se acabó, acá se viene a trabajar no a hacer lo que tú quieras.

Albertina mira a Jesusa con odio.

Albertina va a recojer la bandeja, sale al pasillo y mientras camina al cuarto de la Sra. le salen algunas lágrimas.

INT. DORMITORIO PRINCIPAL, CASA DE LOS BENAVIDES, MEDIODÍA

ALBERTINA
Buenos días, Sra. Benavides. Le traigo su desayuno.

La Sra. Benavides está despierta, viendo el canal 4.

14 **el pedazo** el trozo, das Stück, der Fetzen

SRA. BENAVIDES
Albertina, ¿y Rosa? Bueno, qué alegría de verte.

ALBERTINA
Creo que tiene fiebre, nada serio.

SRA. BENAVIDES
Ven, siéntate a mi costado.

Albertina se acerca lentamente a la cama.

SRA. BENAVIDES
Más cerca, siéntate aquí, que te vea la carita.

Albertina mira alrededor de la habitación.

ALBERTINA
¿Dónde está el Sr. Benavides?

La Sra. Benavides mira con tristeza hacia el otro lado de su enorme cama.

SRA. BENAVIDES
No está, está viajando. Viene en dos semanas. Pero no quiero hablar de él.

La Sra. Benavides se inclina hacia un lado y empieza a vomitar en un cubículo que había al lado de su cama.

Albertina le quita el pelo de la cara y la ayuda a acostarse en la cama otra vez.

ALBERTINA
Sra. Benavides, parece que está enfermita usted también.

Albertina pone su mano sobre la frente de la Sra. Benavides. La mira a los ojos.

Silencio.

6 **a mi costado** an meine Seite – 19 **el cubículo** *aquí:* das Schüsselchen

Albertina ve un pedazo de tela de seda y agua en su mesita de noche. Lo coge. Vuelve a sentarse en la cama y le pasa la tela húmeda por la frente a la Sra. Benavides, mientras que con la otra le acaricia el pelo. La señora la mira.

SRA. BENAVIDES
Me duele todo el cuerpo, pero creo que es sólo fiebre. Dáme un par de esas pastillas que están encima de la mesa.

ALBERTINA
Sí señora. Mi mamá probablemente tenga lo mismo. Espero que usted se recupere pronto.

Albertina saca dos pastillas y se guarda el bote en el bolsillo del delantal.

Albertina está recogiendo la bandeja para salir del cuarto cuando la Sra. Benavides la para.

SRA. BENAVIDES
¿Te puedes quedar un ratito más?

Albertina, obediente, vuelve a sentarse.

ALBERTINA
Hay una canción que mi mamá siempre me cantaba cuando estaba enferma.

SRA. BENAVIDES
A ver, cántamela.

Albertina cierra los ojos, con un nudo en la garganta, pero hace un esfuerzo y empieza a cantar. Punulla Waway.

FADE OUT.

1 **el pedazo** el trozo – 1 **la tela de seda** der Seidenstoff – 11 **el bote** *aquí:* der Blister (für Tabletten) – 12 **el delantal** die Schürze – 17 **obediente** gehorsam, pflichtbewusst

Carlos Delgado

Cuentos de Latinoamérica[1]

1 mit freundlicher Genehmigung des Schinken-Verlags s. S. 38

Carlos Delgado

Cuento 7: El mendigo del centro en Bogotá, Colombia

En Bogotá, la capital de Colombia vive un hombre mayor llamado José Manuel Carranza. Desde hace algunos años tiene una barba blanca que él mismo se recorta de vez en cuando; teniendo cuidado de cortarla mal, a propósito, para parecer más *desgualetado,* que es como llaman en Bogotá a las personas que son descuidadas con su apariencia.

Tiene unos pantalones viejos, una camisa manchada y un abrigo roto que usa como uniforme de trabajo, y no pueden faltar sus *chagualos,* es decir, sus *zapatos viejos.*

Su oficio es ser un mendigo, pero el señor Carranza en realidad no necesita pedir. El vive en una buena casa en un barrio de Bogotá llamado "Usaquén", tiene algo de dinero guardado y tres apartamentos alquilados que le proporcionan una entrada mensual con la que cubre todos sus gastos y además le queda algo de dinero.

Entonces, ¿por qué trabaja como mendigo?

La esposa del señor Carranza es *Doña* María Eugenia (en Colombia, a las mujeres casadas suele llamárseles *Doña*). Una mañana, mientras José Manuel se toma un *tinto,* que es un café negro, y su esposa se toma un *perico,* que es un café con un poquito de leche; ella le dice:

–¿Hasta cuándo va a estar usted pidiendo *plata* (dinero) en el centro?

–Usted sabe bien por qué lo hago –contesta José Manuel.

–¿Usted cree que va a ir al cielo si pide plata? –pregunta Doña María Eugenia, con frustración.

–Hace tiempo que perdí mi entrada para ir al cielo –le contesta José Manuel.

–¿Entonces? –dice Doña María Eugenia– ¿Por qué sigue creyendo que su plata es distinta de la plata de la gente? ¡Es la misma plata!

–No es la misma plata –dice José Manuel–, ya se lo he explicado muchas veces. Mi plata me la gané haciéndole daño a otras personas y está manchada con sangre; por esa plata pasé muchos años en la *guandoca* (que es como llaman a la cárcel). Pero la plata

8 **desgualetado** ungepflegt

que pido en el centro me la gano honradamente, sin hacerle daño a nadie; por eso puedo ayudar a esos niños.

José Manuel, cuando era joven, era un traficante de armas. Había ganado mucho dinero con la guerra. Había estado más de diez años en prisión por venderle armas a delincuentes.

Sin embargo, desde hace algunos años, José Manuel estaba ayudando con dinero a un orfanato de la ciudad; pero estaba convencido de que no debía darles de su dinero, pues para él era dinero sucio; así que la forma que se le ocurrió para ganar *dinero limpio* para el orfanato fue *hacerse el mendigo,* es decir, pretender que era un mendigo y pedir plata en el centro de la ciudad.

Todos los días, Doña María lo lleva en su carro último modelo hasta la parada del Transmilenio, que es el sistema de transporte de autobuses de Bogotá; de allí José Manuel va hasta el centro y llega al barrio "La Candelaria". Después llega hasta la calle 11, donde está la Catedral Primada; una importante iglesia de la ciudad. Del lado norte de esa iglesia hay un restaurante llamado "La Puerta Falsa", que es el más viejo de Bogotá. Fue fundado en 1816, es decir catorce años antes de la muerte de Simón Bolívar. De hecho, se dice que Manuelita Sáenz, la mujer del Libertador, siempre iba a ese lugar a comprar dulces para compartirlos con el General Bolívar.

José Manuel se sienta cerca de la puerta del restaurante, al lado de una de las ventanas, debajo del balcón del centro, el balcón más grande, por si acaso llovizna o hace algo de sol al mediodía.

La gente del centro ya lo conocen, incluso pasan saludándole:

–¡Buenos días, señor José! –dice una señora que pasa caminando.

–¡Quiubo! Buenos días –responde José Manuel. (*Quiubo* es una forma común de saludar en la ciudad, es la contracción de *Qué hubo,* lo que es similar a preguntar ¿Cómo está?).

Pero lo que más le gusta a José Manuel, es cuando algún niño sale del restaurante y en vez de darle dinero, le regala un delicioso panecillo colombiano que llaman: *Almojábana.* Cuando esto pasa, el viejo mendigo bendice al niño con sincera emoción, diciendo una especie de verso:

"Una almojábana para un mendigo,
¡qué buena suerte!
Hijo de Colombia, yo te bendigo;
que crezcas mucho y seas muy fuerte,
que tengas muy buenos amigos,

5 **el delincuente** der Straftäter - 25 **lloviznar** nieseln (wenn leichter Regen fällt)

y que Dios me dé la suerte, de verte,
hecho un hombre de bien, y a tus padres orgullosos contigo."

Claro que a los padres les encanta que el viejo mendigo les bendiga a sus hijos, así que muchos le compran una bendición por una almojábana y se van felices.

Cuando José Manuel termina su jornada como mendigo, como a las dos de la tarde, se va con una bolsa de papel llena de almojábanas y una buena cantidad de pesos colombianos (la moneda del país).

Al llegar a cierto lugar poco transitado, su esposa ya lo está esperando en su *carro* (automóvil) último modelo, y José Manuel se sube a este para regresar a casa.

En seguida la esposa siente el exquisito olor de las almojábanas, todos los días pasa lo mismo:

–José Manuel... –dice Doña María Eugenia, hace una pausa.

–*Sumercé,* ¿se le ofrece algo? –dice José Manuel sabiendo por donde viene María Eugenia (*sumercé* es una expresión de respeto).

–Una solita José Manuel –dice María Eugenia refiriéndose a las almojábanas.

–No, no te voy a dar almojábana –le dice José Manuel con seriedad.

–Pero es que huelen muy *rico* (bien) –dice María Eugenia.

–Esto es para los *chinos* (niños) y usted lo sabe –dice José Manuel.

–Una solita José Manuel –le dice la esposa–, ¿es que no me merezco una solita almojábana?

–Pero una solita –dice José Manuel y abre la bolsa para que ella la tome con sus propias manos.

Doña María Eugenia toma una almojábana y disminuye la velocidad del *carro* hasta que se detiene, entonces la muerde cerrando sus ojos y saboreándola con mucho placer. José Manuel la mira con una sonrisa, él no toma ninguna almojábana, aunque le gustan mucho.

Cuando llegan a su casa, José Manuel se quita su "uniforme" de mendigo y se viste con ropa decente, Ahora los dos van al orfanato a llevar las almojábanas y el dinero.

José Manuel llega manejando su *camioneta* (un rústico 4x4). Él y Doña María Eugenia se bajan frente a una casa en uno de

6 **la jornada** *aquí:* el día – 31 **saborear** genießen – 35 **el orfanato** das Waisenhaus – 37 **la camioneta** der Geländewagen

los barrios pobres de la ciudad. Tocan la puerta de madera, una señora sonriente les abre la puerta y les dice:

–¡Hola! ¿Cómo están hoy?

–Muy bien Doña Carmen –dice José Manuel.

–¿Cómo está Doña María Eugenia? –pregunta Doña Carmen con una sonrisa.

–Muy bien, gracias –responde María Eugenia–, ansiosa por ver a los pequeños.

Entonces entran a una sala grande, unos diez niños dejan de escuchar a su maestra y corren a abrazar a José Manuel y a María Eugenia. Los niños se ven felices de verlos, pero José Manuel y María Eugenia se ven más felices que los niños.

Ahora José Manuel toma la bolsa de almojábanas y dice:

–¿ Quién va a repartir hoy?

–¡Yo! –grita una niña de siete años levantando su mano.

–Ya sabes que hacer, ¿verdad? –le pregunta José Manuel mientras le da la bolsa de papel con las almojábanas.

–Sí –dice la niña.

Con la bolsa de almojábanas la niña se acerca primero a Doña Carmen, que toma una dándole las gracias, después le da una a su maestra, luego a Doña María Eugenia, después a José Manuel y por último reparte una para cada niño; hasta que quedan dos en la bolsa y le da la bolsa a Doña Carmen.

Después de comer sus almojábanas, José Manuel y Doña María Eugenia les dan una hora de clases de inglés a los niños, casi siempre con canciones. Luego se despiden, le dejan el dinero a Doña Carmen y se van a su casa.

Durante la cena, en la casa de José Manuel, María Eugenia le dice:

–Tengo una pregunta que hacerle.

–Píntemela a ver y yo le digo cuantos pares son tres moscas –dice José Manuel (esta es una frase sin sentido que se usa en Colombia para invitar a alguien a preguntar).

–¿Usted que va a hacer – cuando lo descubran? – pregunta María Eugenia.

–Cuando me descubran me reiré y diré: Se tardaron mucho en descubrirme –dice José Manuel riendo.

–¿Y qué va a hacer? –pregunta María Eugenia.

José Manuel la mira a los ojos y le dice:

–Encontraré otra forma de ganar dinero limpio para los niños. No me rendiré mientras tenga vida y pueda ayudar.

31 **píntemela** *aquí:* dígamela, descríbemela

Carlos Delgado

Cuento 12: La periodista de Santa Cruz, Bolivia

Lorena es una estudiante de Ciencias de la Comunicación, en la "Universidad Autónoma Gabriel René Moreno" de Santa Cruz de la Sierra, en Bolivia. Ella quiere ser periodista, así que le gusta entrevistar a personas normales, de las que ha escuchado historias interesantes.

Una mañana, a Lorena se le hace tarde para ir a su universidad. Ella vive en el barrio de Urbarí, así que toma un taxi para llegar a tiempo.

-Buenos días -saluda Lorena cuando se sube al taxi-,¿podés (puedes) llevarme a la Universidad Autónoma?

-*Auringa* (que en Santa Cruz significa *enseguida*) -dice el conductor-, pero hay un poco de tráfico.

Cada vez que toma un taxi, Lorena conversa con el conductor, y como buena estudiante de periodismo, siempre termina entrevistándolos.

El conductor es un hombre de aproximadamente cincuenta años. Esta vez, Lorena ha notado que el acento del conductor es diferente al de la gente de la ciudad de Santa Cruz.

-Noto que su acento es distinto, ¿*vos sos* colla? - pregunta Lorena.

(*Vos sos* significa *tú eres*. En Santa Cruz y en otros lugares de Bolivia, se habla con el *vos* en vez de *tú*, pero no sucede así en todas las regiones del país).

-Sí, soy de La Paz (la capital de Bolivia) -responde el conductor-. Soy un *colla*.

(En Bolivia, a las personas de las ciudades de La Paz, Oruro, Potosí, Sucre, Tarija y Cochabamba; suele llamárseles *collas*. Por el contrario, a las personas de las ciudades de Beni, Pando y Santa Cruz de la Sierra como la joven Lorena, se les llama *cambas*. Y hay más denominaciones, porque Bolivia es un país con varias culturas y etnias indígenas diferentes.)

-¿Hace tiempo que *vivís* (vives) en Santa Cruz? - pregunta Lorena.

19 **aproximadamente** ungefähr - 33 **la denominación** die Bezeichnung

–Sí, tengo diez años aquí, ya casi soy un *camba* –dice el conductor y sonríe.

–Y tu familia, ¿está aquí en Santa Cruz?

–No, mi familia está en La Paz –dice el conductor–. Allá están mis cuatro hijos y mis dos nietos pequeños.

–¿Qué hizo que vos te mudaras para Santa Cruz? – pregunta la estudiante.

–Es una historia larga –dice el conductor–, ¿de verdad *vos querés* escucharla? (*vos querés* significa *tú quieres*)

–Sí –dice Lorena–, me encantan las historias.

–Pues entonces te contaré... Cuando era joven – empieza a contar el conductor del taxi–, me casé con una mujer muy hermosa. Era una buena ama de casa y una buena madre, pero no tenía ni la menor idea de que era una mujer muy peligrosa.

–¿Acaso? –pregunta Lorena (¿Acaso? es una expresión que en Santa Cruz significa: ¿De verdad?).

–Sí –dice el conductor–, ella es de esas mujeres que por celos son capaces de cualquier cosa, hasta de matar.

–¿Y qué sucedió? –pregunta Lorena.

–Un día –dice el conductor–, ella descubrió que yo tenía otra mujer; así que consiguió un revolver y andaba buscándome para matarme.

–¡Y vos escapaste para Santa Cruz! –dice Lorena.

–¡No! –dice el conductor–, primero me fui a Oruro, allá llegué *yesco* (sin dinero), pero en unos días encontré *una pega* (un trabajo). Dos meses después ella fue a buscarme, y me encontró.

–¿Acaso? –pregunta Lorena sorprendida.

Sí, y me disparó tres balazos –dice el conductor–. Por fortuna ella tenía mala puntería.

–¿Y vos la denunciaste? –pregunta Lorena.

– ¡No! –dice el conductor–. ¿Cómo puedo yo denunciar a la madre de mis hijos? ¿Vos te *imaginás* (imaginas) qué la pongan en prisión? Mis hijos dirán que todo fue por mi culpa.

–Y entonces, ¿vos qué hiciste? –pregunta Lorena.

–Me fui a Sucre –dice el conductor–, allá viví durante dos años. Vivía con otra mujer, pero ella me encontró, y ahora tenía mejor puntería. Casi mata a la mujer que tenía allá, a mí me disparó y me hirió en el brazo. Por suerte pude escapar saltando desde un muro, si no, me mata.

6 **¿Qué hizo que vos te mudaras para Santa Cruz?** Was ist der Grund, warum du nach Santa Cruz gegangen bist? – 28 **disparar balazos** Kugeln abfeuern – 29 **tener mala/ buena puntería** ein schlechter/guter Schütze sein – 32 **imaginarse** sich vorstellen – 38 **herir** verwunden

El conductor le muestra a Lorena la cicatriz del disparo en el brazo.

–Y entonces, ¿qué pasó después? –pregunta Lorena más sorprendida aún.

–Me fui para Chile, para Iquique, y después para Santiago –dice el conductor.

–¿Y ella fue a buscarte a Chile? –pregunta Lorena.

–No, ella odia Chile, por eso me fui para allá –explica el conductor. Le dije a mis hijos que me iba para Chile, pero que regresaría a Bolivia y les llamaría a escondidas para que su madre pensara que aún estaba en Chile y no siguiera buscándome.

(Algunos bolivianos odian a Chile, debido a una guerra en la que Bolivia perdió su salida al océano Pacífico.)

–¿Así que ella no sabe que usted está en Bolivia? –pregunta Lorena.

–No lo sabe, por ahora –dice el conductor.

–¿Vos *pensás* (piensas) que después de tanto tiempo, ella aún te busca para matarte? –pregunta Lorena.

–Algunas personas no olvidan –dice el conductor–, si ella sabe que estoy aquí, vendrá por mí; aunque han pasado ya diecisiete años desde que la engañé con su mejor amiga.

–¡Oh! –dice Lorena y disimula– ¿Temés' (temes) que algún día ella te encuentre?

–No lo temo, yo sé que ella me encontrará –dice el conductor–, sólo es cuestión de tiempo.

–¡Elay puej! (expresión de sorpresa positiva) Hace mucho que no escuchaba una historia así –dice Lorena–. Si usted tuviera que aconsejar a alguien sobre eso, ¿qué le diría?

–Que no vale la pena pagar durante años un precio tan caro por tener sólo unos minutos de placer –dice el conductor–. Aún si su esposa no es vengativa cómo la mía, perder a la familia es un precio muy alto a cambio de un poco de placer. En resumen, ser infiel no es un buen negocio.

–¿Qué *creés* (crees) que es lo que lleva a muchos esposos a ser infieles? –pregunta Lorena.

–Muchos son infieles sólo porque sus amigos lo son – dice el conductor–, son personas sin personalidad propia que hacen lo que sus amigos les dicen que hagan. Ellos aman a sus esposas, pero se dejan llevar por lo que dicen sus amigos.

22 **disimular** *aquí:* fingir, vortäuschen – 31 **vengativa** rachsüchtig

–Es un punto de vista interesante –dice Lorena.

–Otros hombres tienen problemas de autoestima, y conquistar a otras mujeres les hace sentirse más seguros de sí mismos –dice el conductor.

–¡Elay puej! –dice Lorena–. Vos *parecés* (pareces) un psicólogo.

–Soy psicólogo –dice el conductor–, no he podido ejercer mi profesión por diecisiete años, porque la madre de mis hijos me encontraría fácilmente.

–Tengo que presentarte a mi *cortejo* (novio) –dice Lorena–, para que le *contés* (cuentes) esa historia.

–Con mucho gusto se la contaré –dice el conductor– , aunque vos no *parecés* (pareces) de las que matarían por celos.

2 **el autoestima** das Selbstwertgefühl - 6 **ejercer** ausüben

Ramón Chao

Un tren de hielo y fuego

Ramón Chao

JUEVES 2 DE DICIEMBRE. SALIDA DE BOSCONIA. MUERTE DE ESCOBAR

–¿Qué tal Puce?

Son las ocho de la mañana. Los jóvenes pasaron buena parte de la noche desmontando el circo y ordenándolo todo en los vagones.

–Agotado psicológicamente –me responde–. Ayer fue un desastre. Cada cual hace lo que le da la gana, no hay disciplina ni dirección.

–¿Van a aguantar hasta Bogotá?

–No sé. En todo caso no podría ser peor.

Tal vez la aventura ya no ofrece ningún interés al equipo, desmotivado ante el esfuerzo que aún debe realizar y que cada vez es mayor por el número de deserciones. Y, además… ¿no habremos alcanzado ya la cumbre del viaje, que fue la estadía mágica en Aracataca?

Desmentido categórico. Nadie piensa en pararse a medio camino. Muchos han abandonado, sí, pero el núcleo duro de la aventura permanece: los French, Jean-Marc, Jean-Pierre, Isa, Carine, Régis, Manu ... Cati piensa como Puce. «Cuando estamos tocando fondo sólo podemos volver a subir». Una buena noticia, Bouchon mejora.

Y, además, está el tren. A pesar del calor y la falta de comodidades (de hecho, alguien hizo dos o tres agujeros en los tubos del vagón cisterna y ahora tenemos algo que se parece a una ducha; esto permite bañarse antes de subir al vagón y deslizarse en los dos mil litros de agua del depósito. Dedé ha vuelto contento: cuando el tren está en movimiento se hacen olas y uno se siente como en el útero materno. Estos muchachos…) podemos reposar y el paisaje es siempre magnífico.

También están Garrincha y Sorriso para subirnos el ánimo. Siempre alegres, sonrientes, y cada vez que la tensión baja sacan sus instrumentos y nos animan con ritmos de *capoeira*.

3 **Bosconia** eine Gemeinde in Kolumbien – 3 **Escobar** Eigenname – 4 **Puce** ein Name – 5 **buena parte** einen Großteil – 6 **ordenar** *aquí:* einräumen, verladen – 8 **cada cual** jeder – 13 **ante el esfuerzo** angesichts der Arbeit – 14 **la deserción** el abandono, das Verlassen – 16 **Aracataca** Ort in Kolumbien – 17 **el desmentido** das Dementi, das Ableugnen – 21 **tocar fondo** einen Tiefstand erreichen – 22 **Bouchon** ein Name – 24 **de hecho** eigentlich – 25 **el vagón cisterna** der Eisenbahntankwagen – 29 **reposar** ruhen – 33 **Capoeira** brasilianische Musik, häufig bei Kampfsportvorführungen

Salimos con tres horas de retraso, atravesando un enorme valle cubierto de hierba, vacas y palmeras. El «cavaquinho» va a toda máquina y los sinsabores de ayer están aparentemente olvidados.

Entonces nos llega la noticia de la muerte de Escobar. Sorriso y Garrincha improvisan una samba:

Vamos fazer festa
ao som do meu cavaquinho
ouvi dizer que mataram Pablo Escobar
pois então vamos constatar em Medellín

En todo caso, nuestro proyecto de ir a Medellín, etapa desaconsejada por la embajada, está definitivamente descartado.

Algunos empleados de Ferrovías lloran. En la estación de La Gloria preguntamos a los campesinos. Responden prudentes: era un ser humano, no podemos alegrarnos de su muerte. En medio del tumulto de la estación la gente, consternada, mira la televisión. Ve -de lejos, es verdad, y con imágenes confusas- el cadáver del barón sobre una camilla. Pero los habitantes de La Gloria desconfían: ¿Por qué no lo muestran de verdad?, pregunta el propietario. «Para mí, hasta que no lo vea con mis propios ojos, él seguirá estando vivo».

Escobar salió de la clandestinidad para entrar en la leyenda, y eso que los negocios no iban muy bien para el rey de la droga, ya que mientras estuvo escondido, otros traficantes multiplicaron operaciones de envergadura. El cártel de Cali, conducido por los hermanos Rodríguez Orejuela, más discreto pero más eficaz que el de Medellín, se hizo con el 70% del mercado de la cocaína, especialmente en Europa, controlada antes por Medellín en un 80%.

Escobar y los hermanos Rodríguez Orejuela ya se habían disputado el mercado de California. Los Rodríguez Orejuela se tomaron la mejor parte, lo que no les impidió planificar la muerte de su rival en marzo de 1992.

La popularidad de Escobar le venía de su origen campesino, del mito de su generosidad hacia sus paisanos y de haber luchado durante más de diez años contra gobiernos más o menos

2 **cavaquinho** *Portug* portugiesisches Zupfinstrument - 6 Die Liedstrophe ist Portugiesisch und bedeutet: Lasst uns feiern/zu den Klängen meines Cavaquinho/ Ich hörte, sie haben Pablo Escobar getötet/Nun, dann lasst uns dies in Medellín feststellen. - 11 **desaconsejado** abgeraten - 11 **la embajada** die Botschaft - 11 **descartar** *aquí:* ausgeschlossen - 12 **Ferrovías** Name einer Eisenbahngesellschaft - 17 **la camilla** die Krankenbahre - 21 **la clandestinidad** *aquí*: der Untergrund - 24 **operaciones de envergadura** *aquí:* signifikante Operationen - 30 **disputarse el mercado** sich um den Markt streiten

corruptos. Pero sobre todo había logrado que Estados Unidos fuera su principal adversario.

Terminada la Guerra Fría, la lucha contra la droga se convirtió en el pretexto norteamericano para desarrollar la militarización del continente, sin luchar, eso sí, contra el consumo en su propio territorio.

Pero la guerra de la coca puede perderse tal como se perdió la de Vietnam, o la de Somalia. Mientras sólo se destine el 5% de las sumas consagradas a la lucha contra la droga en promover los cultivos de sustitución, el campesino de los Andes cultivará la coca y apoyará a los traficantes. Mientras la elite sudamericana se mantenga en la corrupción, los nuevos patrones de los cárteles tendrán el camino libre. Todos los trompetazos que celebran la muerte de Escobar no servirán para frenar la llegada de un solo kilo de coca a Europa y Estados Unidos.

Ubicada entre la Sierra Nevada y el río Magdalena, Gamarra aguardaba la llegada del *Expreso del Hielo* desde hacía varias horas. Con retraso, como siempre, somos recibidos por dos grupos diferentes y enormes. Uno de amigos (habíamos pasado por aquí de camino a Santa Marta) y otro de mosquitos. También aquí hay gran profusión de soldados que deberán protegernos sobre el terreno y acompañarnos hasta Barrancabermeja. La muerte de Escobar impone ciertas precauciones. Los pintores no han terminado aún de pintar la estación en nuestro honor, están todavía en el revoque, pero alcanzarán a terminarla antes de que nos vayamos. Prometido.

Nueva discusión en el grupo. ¿Debemos aceptar la compañía de la soldadesca? Para unos es inadmisible pues va contra el espíritu del proyecto. Para otros la alternativa es la siguiente: o aceptar la protección militar o parar *motu propio* la gira. Discusión interminable hasta que nos damos cuenta de que Gambit perdió el tren en Bosconia. Finalmente Cati cede: algunos soldados se quedarán en el tren para evitar robos. Los otros permanecerán en el cuartel, en los límites del pueblo. Eso sí, ni hablar de que nos acompañen.

2 **el principal adversario** der Hauptkontrahent - 4 **el pretexto** die Ausrede - 9 **consagrar** *aquí:* destinar, dedicar, sich dem Kampf gegen die Drogen widmen - 13 **los trompetazos** die Trompetenstöße, *aquí: metaf* laute Stimmen - 20 **los mosquitos** *coloq* Leute, die eine Kneipe frequentieren - 21 **la profusión** el exceso, la abundancia - 22 **Barrancabermeja** eine Stadt in Kolumbien - 23 **las precauciones** die Vorsichtsmaßnahmen - 25 **el revoque** der Putz/der Fassadenputz - 28 **la soldadesca** *milit* la tropa / die Truppe - 28 **inadmisible** unzumutbar - 30 **motu propio** *lat* aus eigenem Antrieb, geht zurück auf den Namen eines apostolischen Schreibens des Papstes, welches er eigenhändig verfasst und ohne weitere Umschweife durchgesetzt hat.

Ramón Chao

VIERNES 3 DE DICIEMBRE. GAMARRA

Hace 24 horas que no tenemos noticias de Gambit. El jefe de la estación llamó por teléfono a Bosconia, a Chiriguana, a La Gloria, a todas las estaciones y hoteles del recorrido. Comenzamos a inquietarnos. ¿Qué hacer? ¿Pedir ayuda a la autoridad militar?

Vanguardia liberal, de Barranquilla, saca un número especial sobre la muerte de Escobar. Gran titular: «El capo a la tumba... ¿y la mafia?» Le muestro la foto al jefe de la estación. «Es Pablito», dice, «su muerte no arregla nada, al contrario. Ahora las cosas van a agravarse, ellos van a responder con violencia». Pasa el diario a sus amigos. Todos hablan de Pablito con afección y la foto no les parece muy convincente.

Intentamos llamar por teléfono a Francia para tranquilizar a las familias, pero es imposible. La única línea que hay en Gamarra está ocupada por Radio Caracol.

Gambit no regresa. Sus amigos comienzan a montar la feria. El motor de Roberto está reparado y lo instalamos. Por la noche el televisor muestra el entierro de Pablito. Los devotos le arrancan el ataúd a los cargadores, más de cinco mil personas entre la población humilde de Medellín: «Se vive, se siente/Pablito está presente», gritan todos al ritmo de «el pueblo unido/jamás será vencido». Es el canto de las víctimas de la represión pinochetista, adaptable a todas las circunstancias. Vemos hoy en lo que se ha convertido la experiencia de la Unidad Popular en Chile: la Democracia Cristiana en el poder con el hijo de la Frei en la presidencia y Pinochet manejándolo todo. El pueblo, unido o no, siempre ha sido aplastado, incluso por aquellos que pretendieron liberarlo.

Todos quieren mirar, tocar a Pablito. «Existen Dios, Jesucristo y él», se oye decir en la televisión. Lo más sorprendente es que la pantalla oficial parece contribuir a la deificación del capo de los mafiosos. Profusión de testimonios de sus protegidos que evocan su recuerdo con fervor y pasión. Nos repiten una y mil veces sus

2 **Gamarra** ein Stadtviertel (zentral) von Lima - 7 **Vanguardia liberal** Name einer Tageszeitung von Barranquilla - 8 **el capo** *aquí:* jefe de una mafia; gemeint ist Pablo Emilio Escobar, der größte Kopf der kolumbianischen Mafia - 11 **agravarse** sich verschlimmern - 13 **convincente** überzeugend - 17 **montar la feria** *fig aquí:* empezar con los preparativos para partir / Vorbereitungen für eine Abreise tätigen - 23 **la represión pinochetista** die von Pinochet (1973 bis 1990 Diktator in Chile) verursachte Unterdrückung - 32 **la deificación** die Vergötterung

obras sociales, nos muestran las imágenes de los barrios pobres de Medellín antes y después. Hace apenas 10 años, 2.500 familias malvivían al lado de un botadero municipal en la orilla del río Aburrá, olvidados de los poderes públicos, los políticos y Dios. Compartían la basura y los olores con las ratas. La sarna, las enfermedades respiratorias y la malnutrición dejaron su marca en los cuerpos de los habitantes, pero todos se acuerdan de Pablito bajando de un Renault 18 para traerles arroz, aceite, leche. En 1983, Escobar regaló a estos pobres desgraciados mil llaves de mil casas con jardines, escuela, piscina y terrenos de deporte, todo construido sobre un terreno suyo.

Para equilibrar, la pantalla muestra las familias de las víctimas del capo. Todos de alta sociedad: viudas de militares, de jueces, de embajadores que expresan su satisfacción. ¿Se cumplió justicia para los miliones de colombianos miserables, con la muerte de Escobar?

La TV acompaña las imágenes del entierro con la marcha funebre de Sigfrido. Es difícil creer lo que ven los ojos y oyen los oídos.

Pero tal vez no sea tan inocente. ¿Y si se tratara de la sublime recuperación del mito naciente? ¿Y si las clases propietarias lograran apropiarse del ídolo de las chabolas y los barrios pobres? Ellos comprendieron bien el grito: «el pueblo, unido / jamás será vencido».

Al igual que en otras llegadas a estación, el equipo necesita 48 horas para preparar el espectáculo. Ante la sorpresa de los gamarranos, Jean-Pierre, Fred y toda la banda comienzan a manipular las vigas de acero, a descargar las toneladas de material, a hacer las conexiones eléctricas y acrobáticas. Entre tanto llega Gambit en taxi, un poco avergonzado. Cuenta una historia algo confusa en la que se adivina la presencia de una rubia helvética. Encontrar una suiza en Bosconia es algo que sólo Gambit puede hacer.

3 **el botadero** die Müllhalde - 5 **la sarna** die Krätze (Parasitenbefall der Haut) - 6 **la malnutrición** die Unterernährung - 17 **la marcha funebre de Sigfrido** Trauermarsch Siegfrieds, Bezug zu Wagners Oper *Götterdämmerung* - 20 **sublime** erhaben, hehr - 22 **las chabolas** die Wellblechhütten - 27 **los gamarranos** zum Christentum (unter Zwang) bekehrte Juden - 28 **las vigas de acero** die Stahlträger - 30 **avergonzado** verlegen - 31 **helvética** de Suiza; antiguamente *Helvecia*

Los autores y sus obras

Rodrigo Arias

Rodrigo Arias es cineasta. Interesado en contar historias dentro y fuera del Perú.

Para obtener dinero para realizar el cortometraje de *Punulla,* pidió dinero en una página de recaudación de fondos con el siguiente texto:

Hola, mi nombre es Rodrigo Arias. Estoy estudiando cine en SVA, una escuela de arte de Nueva York. Estoy en mi ultimo año de universidad y necesito de tu ayuda. Tengo que filmar mi tesis, el último cortometraje que haces en la universidad, y con él quiero demostrar a todo el mundo que el Perú es un lugar muy interesante y lleno de contrastes.

Esto es muy importante para mí, como lo debe ser para una mayoría de peruanos. Lo que estoy tratando de mostrar con este cortometraje es la vida de las personas que nos sirven día a día (amas de casa, limpiadoras, guachimanes, etc.) y lo que tienen que sacrificar para hacernos la rutina más fácil de llevar. No siempre vemos o queremos ver el otro lado. Con este cortometraje mostraré las dos caras de la moneda y los sacrificios con los que la protagonista, Albertina, tiene que lidiar. Es muy importante para mí como cineasta y peruano contar esta historia al mundo.

Donando incluso lo mas mínimo puedes ayudar a crear este impacto. Puedes ayudar a crear conciencia sobre este tema, además de estar ayudando a crecer a la pequeña pero emergente industria cinematográfica peruana.

Carlos Delgado

Carlos Delgado, nacido en los años 70 en Venezuela, es conocido por sus cuentos en español. Aunque "Cuentos de Latinoamérica" muestra las características de países como Chile, Colombia, Perú, Argentina y Costa Rica, Delgado también ha escrito "SOMOS LOS NIÑOS LATINOS", entre otros libros, que dan una voz a los niños de América Latina. Con sus relatos, Delgado nos acerca a la vida en Latinoamérica, que no siempre es fácil, sobre todo para los niños. Sus historias resaltan cómo los niños ven y viven su entorno, mostrando la importancia de entender y valorar sus perspectivas. Delgado quiere mostrar lo importantes que son los niños, que representan nuestro futuro.

En el libro *Cuentos de Latinoamérica* hay más cuentos escritos en lengua fácil y apropiados para un nivel básico. Más información: https://schinken-verlag.de/kurzgeschichten-in-spanisch/

Ramón Chao

Ramón Chao fue un escritor español nacido en Lugo, ubicado en el norte de España, en el año 1935. Estudió Historia de la Música en Madrid y en París. En 1955 ganó el Premio al Virtuosismo pianístico. En 1956 se exilió con su esposa en Francia, huyendo del régimen franquista. En 1960 inició una colaboración con el Servicio de Lenguas Ibéricas de la RTF, del cual se convirtió diez años más tarde en su director. Al mismo tiempo colaboró con el semanario español *Triunfo*, la revista mensual *Le Monde Diplomatique,* y con los diarios *Le Monde* y *La Voz de Galicia.*

En 1960, Chao creó el Premio Juan Rulfo, un prestigioso galardón otorgado a relatos cortos en lengua española.

El propio Chao fue galardonado con importantes premios, entre los cuales se cuenta el Premio Galicia de la Comunicación en 1997. Fue nombrado Caballero de la Orden de las Artes y las Letras en 1991 y Oficial en 2004. En 2003, el Gobierno español le concedió la Orden al Mérito Civil.

Ramón Chao vivió en París hasta su muerte en 2018.

Es el padre del periodista radiofónico Antoine Chao y del músico y cantante Manu Chao, ambos miembros del grupo Mano Negra, cuya aventura colombiana se describe en el libro *Un tren de hielo y fuego - Mano Negra en Colombia.*

Escribió, entre otras, las siguiente obras:

Guía secreta de Paris (1975)

El lago de Como (1983

Juan Carlos Onetti (1990)

Las travesias de Luis Gontán (2006)

Los milagros de Cuba (2007)

Memorias de un invasor (2008)

Abreviaturas y símbolos

AmS	=	expresión típica del español de América del Sur
aquí:	=	señala un significado específico de la palabra en el contexto
coloq	=	coloquial
fig	=	lenguaje figurativo
metaf	=	lenguaje metafórico
Mex	=	expresión típica del español mexicano
milit	=	expresión del ambiente militar
Portug	=	expresión portuguesa
vulg	=	expresión vulgar